QUELQUES FAITS HISTORIQUES

DE

L'ARRONDISSEMENT

PAR M. HYPPOLITE D'AUSSY, (de Saint-Jean-d'Angély),

Membre correspondant de la première classe de l'Institut Historique de France, des Académies de Bordeaux, de Rouen, d'Arras, d'Auxerre, de la Société des Antiquaires de l'Ouest et de plusieurs sociétés savantes, françaises et étrangères.

JONZAC. — Imprimerie de LAGIER, Grande Rue.
1855.

Quelques Faits Historiques
DE L'ARRONDISSEMENT DE JONZAC.

OBSERVATIONS PRÉLIMINAIRES.

Préoccupé de l'idée de faire une *Revue rétrospective* des lieux jadis célèbres de l'ancienne province de Saintonge et du pays d'Aunis, j'ai parcouru successivement les arrondissemens de La Rochelle, de Rochefort, de Saintes, de Saint-Jean-d'Angély et de Marennes, en usant cependant du privilège de ne pas sortir de mon domicile, et c'est ainsi que Châtelaillon, Marans, Tonnay-Charente, Pons, Saujon, Taillebourg, Tonnay-Boutonne, Brouage, Royan et Soubise nous ont déroulé leurs vieilles annales, en nous montrant quelle avait été leur importance politique du onzième au seizième siècle. Mais pourquoi avoir systématiquement frappé d'ostracisme tout l'arrondissement de Jonzac, le second du département par sa population (1) et fort intéressant sous les rapports de l'industrie de ses habitans, de l'étendue et de la fertilité de son sol et surtout de la variété de ses produits? La réponse à cette question n'est que trop facile à faire : c'est parce que je n'ai trouvé sur la ville de Jonzac, et Archiac, Saint-Genis, Mirambeau, Montendre, Montguyon, Montlieu, chefs-lieux de cantons de cet arrondissement, aucun renseignement détaillé et positif dans l'*Histoire de la Saintonge* par Armand Maichin, l'*Histoire polique, civile et religieuse de la Saintonge et de l'Aunis* par M. Massiou, les anciens annuaires du département, les statistiques et les précis historiques modernes, le précis de l'*Histoire de la Guienne* par Amédée Thierry, la *Revue anglo-française*,

---

(1) Il m'a paru assez curieux d'établir des tableaux de comparaison de la population des six arrondissemens du département, à des époques différentes. On y verra l'accroissement rapide du nombre des habitans.

Arrondissem.	de Saintes	99,628 h.
—	de Jonzac	76,435
—	de St-Jean-d'Angély	70,261
—	de La Rochelle	67,708
—	de Rochefort	43,958
—	de Marennes	49,768
	Total	401,758

(Extrait de l'Annuaire historique et statistique du département de la Charente-Inférieure pour l'an 1814, publié par M. Filleau, conseiller de préfecture.)

publiée par M. de la Fontenelle de Vaudoré et de notices biographiques, je n'ai trouvé, dis-je, rien qui se rattache directement à une série de faits historiques dont l'arrondissement de Jonzac a certainement été le théâtre, pendant un espace de plus de huit siècles. Comme dans les précédens *essais* dont j'ai parlé, je n'ai pas voulu être un romancier à la mode, mais un chroniqueur consciencieux, j'ai dû renoncer, à mon grand regret, à classer quelques-uns des lieux remarquables de l'arrondissement de Jonzac, parmi ceux que j'ai déjà rappelé au souvenir des lecteurs saintongeais.

Frustré dans mon espoir de réunir et de coordonner les faits importans des temps passés pour en former des opuscules semblables aux précédens, je n'ai pas renoncé cependant à une partie de l'exécution de mon premier plan, et c'est ainsi que je suis parvenu à rassembler quelques traits de localité, offrant un véritable intérêt, quoiqu'ils n'aient pas entre eux une connexion intime, puisqu'ils sont séparés par les siècles et des événemens divers. Leur développement ne permet pas de douter que Jonzac ait été, au moyen-âge, et aussi pendant les longues guerres de religion, tour-à-tour pris et repris par les anglais et les français, les protestants et les catholiques; mais, faute de documens officiels, je ne m'occuperai que d'anecdotes historiques, parfaitement constatées par les auteurs les plus dignes de foi; elles seront toutes renfermées dans l'arrondissement de Jonzac envers lequel j'acquitterai ma dette, de la seule manière qu'il me soit permis de le faire et avec la conviction de n'offrir que des récits conformes à la vérité et présentant néanmoins l'intérêt d'un roman.

Arrondissem. de Saintes	104,871 h.
— de Jonzac	83,030
— de St-Jean-d'Angély	81,692
— de La Rochelle	79,587
— de Rochefort	61,727
— de Marennes	49,626
Total	460,389

(Extrait de la Statistique du département de la Charente-Inférieure, publié en 1839 par M. Gautier, chef de division à la préfecture.)

Arrondissem. de Saintes	107,928 h.
— de Jonzac	84,046
— de La Rochelle	83,087
— de St-Jean-d'Angély	83,047
— de Rochefort	68,757
— de Marennes	81,828
Total	468,303

(Extrait de la Géographie physique, politique, historique, agricole, commerciale et industrielle du département de la Charente-Inférieure, publiée en 1854, par M. Dolivet, instituteur du degré supérieur.)

On voit que dans l'espace de quarante ans, de 1814 à 1854, la population de notre département a augmenté d'environ 4,650 âmes chaque année.

Si l'on veut juger de l'importance des chefs-lieux d'arrondissement par leur population, on pourra consulter les deux tableaux ci-après, établis d'après le nombre des habitans.

1839. (Ouvrage de M. Gautier).

Rochefort.	15,444 h.	Saint-Jean.	5,951 h.
La Rochelle.	14,857	Marennes.	4,542
Saintes.	9,559	Jonzac.	3,514

1854. (Ouvrage de M. Dolivet).

Rochefort.	18,034 h.	Saint-Jean.	6,170 h.
La Rochelle.	16,507	Marennes.	4,543
Saintes.	10,424	Jonzac.	3,501

Si l'arrondissement de Jonzac est le second par sa population totale, et le dernier par celle de son chef-lieu, il est le premier de tous ceux du département par l'étendue de son territoire, comme on le verra ci-après:

Arrondissem. de Jonzac	170,089	
— de Saintes	162,482	
— de St-Jean-d'Ang.	132,068	Hectares de superficie.
— de La Rochelle	80,169	
— de Marennes	73,785	
— de Rochefort	73,058	

(Ouvrage de M. Gautier).

I.

Coup-d'œil rapide sur l'Angleterre.

La victoire de Hastings avait assuré la possession de l'Angleterre à Guillaume, duc de Normandie. (1) Les efforts réitérés des Saxons, pour recouvrer leur indépendance, n'eurent jamais aucun ensemble et furent conséquemment toujours infructueux. Guillaume le Conquérant mourut en 1087, dans un monastère hors des murs de Rouen, des suites d'un accident; (2) son cheval s'était abattu sous lui, au siège Mantes (3) et l'avait grièvement blessé dans sa chute. Guillaume *Rufus* (4) (le roux), se hâta de s'emparer de la couronne, au détriment de son frère aîné, Robert, duc de Normandie. Guillaume fut tué dans une chasse, en 1100, sans qu'on sût s'il avait été frappé à dessein, car lorsqu'il tomba, percé d'une flèche, sir Gautier Tirel était seul auprès de lui. (5) Robert devait être son successeur, mais il était en Palestine, à la première croisade avec Godefroy de Bouillon, (6) et Henri, troisième fils de Guillaume, se substitua audacieusement à son frère absent, et il fut couronné solennellement à Londres, sous le nom de Henri Ier. A son retour de la croisade, où il s'était signalé par son courage et ses exploits, Robert ne chercha point à faire valoir ses droits au trône d'Angleterre, mais Henri fomenta le mécontentement en Normandie, vint envahir ce duché, vainquit Robert, le fit prisonnier et le tint enfermé dans le donjon de Cardiff, (1) bâti sur la côte méridionale du pays de Galles, dans un lieu récemment conquis par les Normands, et il eut la cruauté de lui faire crever les yeux, après une tentative de Robert pour recouvrer sa liberté. Ce malheureux prince mourut après vingt-sept ans de captivité (2). La main de Dieu s'appesantit sur le fratricide : deux de ses fils, sa fille, et trois cents personnes appartenant aux plus nobles familles de Normandie, périrent sur le navire *la Blanche-nef* qui donna violemment sur les rochers du *Bas de Catte* et sombra en peu de minutes. Bérauld, le plus pauvre boucher de Rouen, enveloppé de son justeau-corps de peau de mouton, se soutint seul sur la surface de l'eau, appuyé sur la grande vergue; des pêcheurs le recueillirent, le lendemain, dans leur barque, et ce fut de lui qu'on apprit les détails de ce funeste événement.

Il ne restait au roi d'Angleterre que sa fille Mathilde, épouse de Henri V, empereur d'Allemagne. Devenue veuve en 1426, elle retourna près de son père. Sept ans plus tard elle se remaria à Geof-

---

(1) La bataille de Hastings fut livrée le 14 octobre 1066. Harold, fils du comte Godwin, élu roi des saxons d'Angleterre, successeur d'Edouard le Confesseur, et compétiteur de Guillaume, y perdit la vie.

(2) Il était né à Falaise, en 1024.

(3) Mantes, chef-lieu d'arrondissement du département de Seine-et-Oise, à 48 kilom. N. O. de Versailles, et à 58 kilom. O. N. O. de Paris. Philippe-Auguste y mourut en 1223. Ses fortifications ont disparus. Pop. 4,280 hab.

(4) La simplicité de ces temps antiques se révèle par les noms donnés aux princes souverains. Ils étaient motivés par une qualité, un défaut ou une constatation quelconque, susceptible d'être rapportée : c'est ainsi que l'histoire mentionne Louis *le hutin* (mutin), Philippe *le long*, Charles *le mauvais*; etc., etc.

(5) Il gagna la côte, passa sur les terres de France et l'histoire l'y a laissé dans l'oubli.

(6) L'armée des croisés, composée de Français, d'anglais, d'allemands, d'italiens, entra à Jérusalem le 15 juillet 1099. La sainte cité fut reprise par le Sultan Saladin au mois d'octobre 1187. Le royaume de Jérusalem avait existé 88 ans.

(1) Cardiff, chef-lieu du comté de Glamorgan, dans les principautés de Galles. Les soldats de Cromwell détruisirent le château où était mort le malheureux Robert.

(2) En 1134, Henri ne lui survécut que d'un an

froy, comte d'Anjou, surnommé *Plante-genêt*, ou *Plantagenet*, à cause du genêt fleuri qu'il portait à son chaperon en guise de plume. (1) Ils eurent un fils nommé Henri, comme son aïeul, et le vieux roi fit jurer à ses barons d'Angleterre et de Normandie de reconnaître *fils-empereur,* (le fils de l'impératrice) pour roi. Il mourut en Normandie, d'une indigestion de lamproies, et aussitôt Étienne de Blois, son neveu, fit voile pour l'Angleterre, où les mêmes seigneurs normands le proclamèrent roi et lui firent serment de fidélité. Ces événemens se passaient en 1135, et, en 1139, l'impératrice Mathilde débarqua sur les côtes du comté de Sussex à la tête de quelques bandes d'Angevins, de Brabançons et d'Allemands, et la noblesse normande ne tarda pas à se diviser en deux camps, et, après des combats assez vifs, où le roi Étienne avait d'abord eu l'avantage, il fut abandonné près de Lincoln, (2) par ses propres soldats, et après s'être défendu presque seul avec courage, il fut conduit à Glocester (3), au quartier de Mathilde qui le fit enfermer au donjon de Bristol (4). Elle fit son entrée à Londres en 1141, mais un impôt énorme qu'elle voulut lever sur les bourgeois de cette

capitale excita une insurrection formidable et força la nouvelle reine de prendre la fuite et de se retirer à Oxford (1) où peu d'adhérens à sa cause vinrent la rejoindre. Les partisans du captif de Bristol reprirent courage et attaquèrent ceux de Mathilde, tandis que les saxons se vengeaient de leurs propres souffrances en massacrant les chevaliers et les hommes d'armes des deux partis. Enfin, après une suite de combats sans résultats décisifs, Étienne qui avait été échangé contre le comte Robert de Glocester, fait prisonnier près d'Oxford, conclut un traité avec Mathilde par lequel les normands d'Angleterre et du continent le reconnurent pour roi, à condition qu'après lui, Henri, fils de Geoffroy, comte d'Anjou et de Mathilde serait roi. Il mourut en 1154 et le prince angevin monta sur le trône sous le nom de Henri II. Il avait épousé la célèbre Éléonore ou Aliénor, duchesse d'Aquitaine, répudiée par Louis VII, à son retour de la croisade, et se trouva ainsi le monarque le plus puissant de la chrétienté, car il possédait la moitié de la France. Il avait du courage, de l'activité, des talens militaires et il eut le bonheur d'avoir quatre fils qui devaient remplir ses plus chères espérances et empoisonnèrent au contraire sa vie par leurs discordes, leur ambition effrénée et leur ingratitude. Ils levèrent plusieurs fois contre leur père l'étendard de la guerre civile. Tantôt alliés, tantôt ennemis, et toujours brûlant les châteaux et les chaumières pour assouvir leur vengeance. Le ciel arrêta leurs complots criminels. Le prince Henri mourut presque subitement en 1183. Geoffroy, perdit la vie dans un tournoi où il avait été foulé aux pieds des chevaux. Richard, comte de Poitiers, fit

---

(1) « Dictum plantagenest ex eo quod genistæ ramum pileolo insertum gestaret. » — (Ord. Vital. pag. 799).

On voit qu'une circonstance futile suffisait pour faire donner un surnom qui devenait historique.

(2) Lincoln, chef-lieu de comté, à 190 kilom. N. de Londres; pop. 12,000 hab. elle était beaucoup plus peuplée et plus importante au XIIe siècle.

(3) Glocester chef-lieu de comté, à 165 kilom. O. N. O. de Londres, pop. 12,000. L'observation ci-dessus peut s'appliquer aussi à cette ville.

(4) Bristol est à 162 kilom. O. de Londres. Une partie de cette ville est du comté de Sommerset, et l'autre du comté de Glocester, pop. 105,000 hab. quoiqu'elle fût la seconde ville d'Angleterre. Il n'est pas probable que sa population fût plus considérable que de nos jours.

(1) Oxford, chef-lieu de comté, à 90 kilom. O. N. O. de Londres. Elle renferme une célèbre université, et la plus richement dotée de l'Europe, pop. 21,000 hab.

alliance, contre son père, avec Philippe II, roi de France, et le vieux roi d'Angleterre, accablé par tant de malheurs, mourut au château de Chinon (1) en 1189.

Richard succéda à son père et se disposa à partir pour la troisième croisade avec le roi de France. Il leva des impôts énormes par les moyens les plus violents, et arrivé en Palestine, il se fit admirer par ses héroïques exploits et haïr par l'impétuosité et la fougue de son caractère. Jamais on n'avait vu de guerrier aussi téméraire et sa victoire d'Ascalon suffirait pour rendre son nom immortel ; mais ses talens en stratégie n'égalaient pas son audace et après quatre ans de combats et de triomphes stériles il fut forcé de conclure une trêve de trois ans et huit mois avec Saladin, plus habile politique que ce roi, véritable héros de romans de chevalerie. Richard s'embarqua sur un bâtiment léger, fit naufrage sur les côtes de l'Adriatique, et entra sur les terres du duc d'Autriche qu'il avait cruellement offensé en Palestine. Le roi d'Angleterre fut reconnu, le duc Léopold le fit jeter en prison et eut la bassesse de le vendre à l'empereur d'Allemagne Henri VI. Il paya une forte rançon pour recouvrer sa liberté, et revint en fugitif dans son royaume où il eut à étouffer une insurrection fomentée par son frère le prince Jean. Il déclara aussitôt la guerre au roi de France, qui avait lui-même commencé les hostilités, et après des combats stériles en résultats, mais non sans gloire pour Richard, les deux rois firent la paix et ne tardèrent pas à recommencer la guerre. Ils avaient eu la Normandie pour champ de bataille, et ce fut en Aquitaine qu'ils pensèrent devoir

alors se mesurer, avec des forces à peu près égales qui semblaient assurer à chacun d'eux des chances de triompher de son adversaire.

II.

Insurrection des barons de l'Aquitaine contre Richard Cœur de Lion. — Philippe Auguste marche à leur secours. — Rencontre des deux rois sur les bords du ruisseau de *la Gaure*. — Traité de paix du Petit-Niort.

Pendant que Philippe (1) et Richard guerroyaient en Normandie, les barons de l'Aquitaine qui étaient toujours prêts à reprendre les armes pour recouvrer leur nationalité, impossible à reconquérir et à conserver entre d'aussi puissants souverains que le roi de France et d'Angleterre, ces fiers barons, dis-je, croyant trouver l'occasion favorable de se soustraire au joug intolérable de Richard, se réunirent et attaquèrent les garnisons anglaises. Philippe ayant été défait dans plusieurs combats, et notamment au pont de Gisors, (2) conclut une trêve, circonstance qui permit à Richard de se porter en Aquitaine ; il prit d'assaut le fort château de Taillebourg, entra en vainqueur à Angoulême et s'empara de plusieurs châteaux de l'Angoumois et de la haute-Saintonge. Au bruit des rapides succès du roi d'Angleterre, Philippe-Auguste rompit brusquement la trêve et vint au secours de ses alliés d'Aquitaine qui se pressèrent autour de son étendard. Il marchait sur Angoulême, mais le bouillant Richard se hâta de venir au devant de lui. Les armées des deux rois se rencontrèrent au village du

----

(1) Chinon, chef-lieu d'arrondissement du département d'Indre-et-Loire, à 46 kilom. S.-O. de Tours. Charles VII habitait le château de Chinon, lorsque Jeanne d'Arc lui fut présentée, en 1428, pop. 6,785 hab.

(1) Philippe II fut surnommé Auguste à cause du grand nombre de ses victoires et de ses conquêtes. Son règne de 43 ans fut très-glorieux. Ce prince mourut à Mantes, âgé de 58 ans.

(2) Gisors, chef-lieu de canton du département de l'Eure, arrondissem. et à 30 kilom. E. des Andelys, sur l'Epte, pop. 3,624 hab.

Petit-Niort, (1) au sud de Mirambeau, sur la grande route de Saintes à Bordeaux. Les deux rois firent halte et campèrent sur les bords d'un faible ruisseau nommé *la Gaure*, dont le nom serait depuis long-temps tombé dans l'oubli sans cet évène-ment ; ce qui se passa en cette occasion est rapporté avec des détails fort curieux par un annaliste provençal que des chro-niqueurs ont traduit textuellement parce que l'originalité et la simplicité de son sty-le semblent être des garanties de la vérité des faits : « En la saison que le roi Ri-
» chard d'Angleterre guerroyait contre le
» roi Philippe de France , ils entrèrent
» aux champs avec toute leur gent, et se
» rencontrèrent sur les bords d'une ri-
» vière qui a nom Gaure, laquelle passe
» au pied de Niort. L'ost de Richard était
» sur une rive, celle de Philippe sur l'au-
» tre. Ils restèrent quinze jours dans cette
» position. Chacun jour ils s'armaient et
» s'appareillaient pour en venir à la ba-
» taille ; mais les archevêques, évêques
» et abbés, qui voulaient la paix, se met-
» taient entre eux et leur défendaient d'en-
» gager le combat. (2).
» Un jour, tous ceux qui étaient avec
» le roi Richard ayant revêtu leurs armes,
» s'apprêtèrent à passer la Gaure , pour
» marcher à l'ennemi. Les Français s'é-
» tant armés de leur côté, se préparèrent
» à en faire autant, mais les bons hom-
» mes de religion, portant des croix en-
» tre leurs bras, prièrent Richard et Phi-
» lippe de renoncer à la bataille. Le roi
» de France leur dit que le combat ne
» serait plus différé , si le roi Richard ne
» lui faisait résauté de tout ce qu'il avait
» en deçà de la mer, des duchés de Nor-
» mandie et d'Aquitaine et du comté de
» Poitou. Quand Richard entendit cette
» parole et ce que le roi Philippe deman-
» dait, il monta sur son destrier, mit le
» heaume en tête, fit sonner les trom-
» pes et ordonna à ses barons et à toute
» sa gent de passer outre à la bataille ;
» il se sentait d'autant plus fort, que les
» Champenois, qui servaient dans le camp
» des Français, avaient promis de ne pas
» combattre contre lui, pour la grande
» quantité d'*esterlings* qu'il avait fait se-
» mer parmi eux. (1)
» Quand le roi Philippe le vit venir, il
» monta aussi sur son destrier, mit le
» heaume en tête et ordonna à tous ses
» gens de monter à cheval et de prendre
» leurs armes pour aller à la bataille.

---

(1) Il est probable que ce gros village, dépen-dant de la commune de Mirambeau, a été fon-dé par des habitants de la ville de Niort, (Deux-Sèvres) et que ce fut en souvenir de leur ville natale qu'ils donnèrent ce nom au lieu où ils fi-xaient leur résidence, soit volontairement, soit qu'ils y fussent forcés par les circonstances.

(2) « En la sazon que lo reis Richarth d'En-
» gloterra guerreiava ab lo Felip de Fransa, s'il
» foron amdui en camp ab tota lor gen. E era
» sobra la riba d'un flum qui a nom Gaura, lo
» quals passa al pe de Niort, e l'una ost si era
» d'una riba a l'autra ost era de l'autra, e en
» aissi restoron XV jorn, et chascun jorn s'ar-
» mavan e appareillavan de venir a la batailla
» ensems. Ma arcivesque e evesque e abat, que
» coreavan paz, eran en miech que defendian
» que la batailla non era. »
(Raynouard, poés. orig. des Troub. p. 96).

(1) « E un dia foron armat tuit aquill qu'eran
» ab lo rei Richartz e esquierat de venir a la ba-
» tailla e de passar la Gaura ; li Frances s'ar-
» marent e s'esquererent, et li bon hom de re-
» ligion foron, ab las crotz en bratz, pregan Ri-
» chartz e'l rei Felip que la batailla non degues
» esser. E'l reis de Franza dizia que la batailla
» no remanria si'l reis Richartz no ill fazia re-
» zeutat de tot so que avia de sai mar, del du-
» cat de Normandia e del ducat de Quitania et
» del comtat de Peitieus.
» E en Richart, quant auzi aquesta parola q'el
» reis Felip demandava, per la gran bandoza
» que avia, car li campanes avian ad el promes
» que no ill serion à l'encontre, per la gran quan-
» titat des esterlins que avia semenatz entre lor,
» si montet en destrer, et mes l'elm en la tes-
» ta, e fai sonar las trombas e de la soa gen, per
» passar outra à la batailla. »   (même page.)

» Les Champenois seuls ne mirent point
» le heaume en tête. Voyant Richard
» s'approcher avec son ost pleine d'une
» grande vigueur, et les Champenois re-
» fuser de marcher au combat, le roi
» Philippe fut tout épouvanté, et com-
» mença à faire appareiller les archevê-
» ques, évêques et hommes de religion,
» les priant d'aller conjurer Richard de
» faire la paix. Les saints hommes vin-
» rent donc au devant du roi Richard,
» avec leurs croix entre les bras, pleurant
» et le suppliant d'avoir pitié de tant de
» braves gens qui allaient mourir de part
» et d'autres. Ils lui promirent, s'il con-
» sentait à la paix, d'obtenir du roi de
» France qu'il sortît de ses terres. Ému
» par les prières de ces bons hommes
» de religion et par les conseils de ses
» barons, Richard accorda la paix qui fut
» aussitôt jurée entre les deux rois pour
» dix ans. Ils rompirent leurs osts et don-
» nèrent congé à leurs soudoyers, ne vou-
» lant plus s'occuper de guerres, mais
» de chasser aux faucons, aux autours et
» aux lévriers, et de faire tort à leurs
» barons (1) »

(1) « El reis Felip quand lo vi venir, montet
» en destrer, e mes l'elm en la testa, e tota la
» soa gens monteron en destriers o preseron lor
» armas per venir a la bataille, trait Campanes
» que no meteron almes en la testa. E'l reis Fe-
» lips quant vi venir en Richartz e la soa gent
» ab gran vigor, e vi que li Campanes no venion
» a la bataille, el fon espaventatz e comensa far
» aparelliar los archevesques e li evesques e ho-
» mes de religion a preguet lor que li anesson
» pregar en Richart de la patz far.

» E li saint home vengron, ab los crotz en
» bratz, encontra le rei Richart, ploran, q'el
» agues pietat de tanta bona gen com avia el
» camp que tuit eron a morir, e s'volgues la
» patz, qu'il farian el reis partir de sobra la soa
» terra.

» E el per los precs del bos homes de religion
» e per lo conseil d'els siens baros, si fetz la patz
» e'l concordi, e fon jurada la patz d'amdos los
» reis a detz ans.

» E desfeiron lor ostz e deron comjat als sou-

On peut hardiment ajouter que les barons le leur rendaient bien surtout en Angleterre où les insurrections contre l'autorité royale se succédaient sans cesse.

Le moyen employé par Richard était
déloyal et tout à fait en opposition avec
l'irascibilité de son caractère, la violence
de ses passions et son courage téméraire.
Il est probable que ce furent quelques-uns
de ses hauts barons qui ourdirent cette
trame honteuse contre le roi de France
et qu'ils ne furent approuvés par Richard
que quand il lui fut impossible de les dé-
savouer.

Un village de la commune de Mirambeau a ainsi acquis une juste célébrité dans
l'histoire et son chef-lieu va y paraître à
son tour d'une manière encore plus ho-
norable, puisque ce ne sera pas par un
traité de paix, suite du campement for-
tuit de deux rois, mais par un acte de
loyauté chevaleresque de son seigneur
châtelain.

III

Jean-sans-Terre.—Henri III.—Combats de Taillebourg et de Saintes.—Belle conduite de Hertauld, seigneur châtelain de Mirambeau.

Le héros de la troisième croisade, Richard Cœur-de-Lion, dont les exploits en
Orient l'emportaient sur ceux qu'on ad-
mirait dans les romans de chevalerie, avait
été atteint d'une flèche au siège du château de Châlus, en Limousin, et sa bles-

» dadiers, e no velgron far ost, sino en falcos,
» e en austors e en lebriers, e ed far tort à lor
» barós. »   (Même page).

L'ortographe de ce vieux provençal est extrê-
mement irrégulière, comme on peut s'en con-
vaincre, mais il y a certainement aussi plusieurs
fautes d'impression.

Je remarquerai ici que la langue romane a
très-peu varié depuis 600 ans. Un Marseillais
comprendrait fort bien cette relation, tandis
qu'un Parisien ne l'entendrait que difficilement si
elle était écrite en la *langue d'oïl* du 12e siècle.

sure devint mortelle, par suite de l'igno-
rance de son chirurgien. Il mourut sans
postérité, le 6 avril 1199. Son frère Jean,
surnommé *Sans Terre*, (1) parce que
son père Henri II ne lui avait pas laissé
d'apanage, comme à ses frères, lui succéda, (2) mais la reine Aliénor, après la
mort de Richard, reprit la souveraineté
directe de l'Aquitaine et fixa sa résidence
en Saintonge, cependant, au bout de peu
d'années, elle se retira à la célèbre ab-
baye de Fontevrault (3) et y termina sa
carrière en 1205, à l'âge de 84 ans. Jean
lui avait succédé naturellement dans le
gouvernement de l'Aquitaine, mais la Saintonge avait été confisquée, en 1203, sur
cet infâme assassin de son neveu, le jeune Arthur, duc de Bretagne, qu'il avait
fait prisonnier sous les murs de Mirebeau,
en Poitou, et qu'il eut l'atroce barbarie
de poignarder de sa main, à Rouen. (4)
Les barons anglais outrés de cet assassinat se soulevèrent contre l'odieuse domination de Jean et lui arrachèrent l'établissement de la grande Charte, qui était bien
plus favorable à leurs intérêts qu'à ceux
des malheureux saxons; mais comme ce
prince perfide ne cherchait qu'à violer ses
sermens, les barons appelèrent au trône
d'Angleterre le prince Louis, fils de Philippe, roi de France, et, peu de temps
après son débarquement sur le sol britan-
nique, il était maître de Londres et de
plus de la moitié de l'Angleterre. Jean,
aussi lâche que cruel, ne sut que fuir

(1) Lackland, en saxon.

(2) L'aîné avait été associé à la couronne. Il
mourut d'une fièvre violente. Geoffroi fut tué,
dans un tournoi, sous les pieds des chevaux.
Richard périt sous les murs du château de Châlus, et on prétend que Jean fut empoisonné.
Arthur, duc de Bretagne, était fils de Geoffroi.

(3) Canton et arrondissement de Saumur,
Maine-et-Loire.

(4) Ce crime est l'un des plus exécrables que
l'histoire ait jamais rapportés.

honteusement devant son compétiteur au
trône et mourut au château de Newark,
comté de Nottingham, en 1216, empoisonné, disent quelques historiens, par la
bave de crapauds, et, en admettant que
ce fait pût être véritable, une pareille fin
serait digne de ses crimes. Cette mort
paraissait devoir consolider le trône de
Louis, mais les barons anglais, touchés
de la position du fils de Jean, âgé seulement de neuf ans, abandonnèrent le
prince français, et Louis, vaincu à la bataille de Lincoln, malgré sa valeur héroï-
que et celle de ses chevaliers, partit d'Angleterre après y avoir guerroyé pendant
environ deux ans.

« Quel mortel aurait la patience de lire
» ou d'écrire un long détail de choses
» aussi frivoles que celles dont le règne
» de Henri III est rempli » Telle est
l'exclamation de l'historien anglais Hume,
et il n'entre nullement dans mon plan de
parler des guerres de ce prince contre les
barons, de sa faiblesse, de sa présomp-
tion, de son impudence et de sa mauvaise
foi. Il me suffira de donner des détails
sur ce qui a rapport à la province de Saintonge. Après la mort de Jean et la paci-
fication provisoire du royaume, de nou-
veau troubles agitèrent l'Angleterre. Isabelle de Taillefer, mère du roi, épousa
Hugues, comte de La Marche, et Henri
demanda en mariage Eléonore, fille de
Raymond Bérenger, comte de Provence,
et sœur de Marguerite, reine de France.
Louis IX ayant investi son frère Alphonse
du comté de Poitiers, le comte de La
Marche lui refusa foi et hommage; la
guerre éclata aussitôt entre Louis et Henri, et ce dernier, qui était débarqué à
Royan pour venir au secours de son beau-
père, fut repoussé, le 22 juillet 1242,
au combat du pont de Taillebourg, où le
jeune roi de France combattit avec le

courage du plus hardi chevalier. (1) L'armée anglaise se retira sous les remparts de Saintes et le 28 juillet elle essuya un échec plus grave encore que celui de Taillebourg. Henri s'enfuit en toute hâte vers Blaye d'où il se rallia à Bordeaux, laissant son armée complètement désorganisée et ses imprudens alliés à la merci du roi de France.

Le comte de La Marche, naguère si arrogant envers son puissant seigneur suzerin, fut forcé d'abaisser son orgueil devant lui et d'implorer sa clémence. « Hugues et ses trois fils, Hugues-le-Brun, » Gui et Geoffroi de Lusignan, par un » traité dont la teneur a été conservée » dans le trésor des Chartes, et qui a été » signée au camp dans la Prairie, près de » la ville de Pons, au mois d'août 1242, » abandonnent à Louis IX, en toute souveraineté, Saintes, Pont-l'Abbé, » Montreuil, Frontenai, Langest, Saint-» Gelais, Prohec, Tonnay-Boutonne, les » fiefs tenus par le comte d'Anjou, ceux » de Renaud du Pons, de Geoffroi de » Rancon et de Geoffroi de Lusignan, et » le grand fief d'Aulnay. Le roi était af-» franchi d'une somme de cinq mille li-» vres tournois qu'il devait payer chaque » année au comte de La Marche. Ce der-» nier faisait hommage entre les mains » du roi, pour son comté d'Angoulême, » les châteaux de Cognac, de Jarnac, de » Merpin, d'Aubeterre, avec leurs dé-» pendances, et cet hommage-lige é-» tait, suivant le texte, *contre hommes » et femmes qui peuvent vivre et mou-*

(1) « Louis IX, en arrivant sur la chaussée » de Sainte-James, n'avait que huit chevaliers » avec lui, qui aussi firent preuve de la plus » grande bravoure, en faisant un rempart de » leurs corps au roi. Ils furent tous tués ou ren-» versés. Louis allait recevoir la mort ou être » forcé de se rendre, si bon nombre de soldats » n'étaient accourus. Alors il se porta en avant » et décida la victoire. » (Note de la revue Anglo-française de M. de La Fontenelle de Vaudoré).

» rir. A ces fiefs le traité ajoute ceux » de Lusignan et le comté de La Marche, » toujours avec leurs dépendances. » (1)

La retraite honteuse du roi d'Angleterre acheva de ruiner son parti en Saintonge. Les barons et les châtelains qui s'étaient rangés avec allégresse sous les drapeaux de Henri, mirent le même empressement à rejoindre les bannières de Louis et jamais changement politique ne fut plus rapide dans les annales de la province de Saintonge.

« Au milieu de la défection universel-» le, un seul baron se montra loyal et » fidèle : Ce fut un nommé Hertauld, à » qui le roi Henri avait confié le fort cas-» tel de Mirambeau (dans la haute-Sain-» tonge). Lorsque Hertauld, (2) dit le » chroniqueur, comprit qu'il ne saurait » saurait résister à l'attaque des Français » sans être soutenu par le roi d'Angle-» terre, il laissa le château aux mains de » ses compagnons, et s'en alla trouver » Henri à Blaye.

— « Hélas ! sire, lui dit-il, avec des » larmes et des sanglots, votre excellen-» ce voit que la fortune nous est contrai-» re en toutes choses. Que dois-je donc » faire ? Me pouvez-vous délivrer du siè-» ge si je viens à être assiégé ; ou bien » faut-il que je subisse misérablement, » comme mes voisins cet impitoyable joug » des français que mes aïeux ont tou-» jours repoussé ?

» Le roi d'Angleterre lui répondit d'un » air abattu :

— « Tu vois, Hertauld, quelles sont » mes ressources ! elles suffisent à peine » pour ma propre défense. Sur qui faut-» il donc se fier ? Voici que le comte de

(1) (Taillebourg et Saint-Louis, histoire de l'expédition de Louis IX en Saintonge, par M. H. Feuilleret).

(2) Her, Hert, seigneur, maître, *old*, dit, fidèle. On voit que ce châtelain justifiait dignement son nom.

» La Marche, que j'honorais comme mon
» père, vous a donné à tous l'exemple
» de fausser sa foi envers moi. Tu as seul
» honorablement agi en me consultant sur
» ta position. Si tu tiens quelque chose
» de moi, je t'en fais don de ma bonne
» volonté : prends librement la résolution
» qui te conviendra.

» Hertauld se sépara donc tristement
» de son seigneur et vint trouver le roi
» des français, les cheveux en désordre
» et les yeux rouges de pleurs.

— » Sire roi, lui dit-il, l'ère de Dieu
» m'oblige, bien malgré moi, à me réfu-
» gier en l'asile de votre miséricorde. Je
» suis abandonné à moi-même : que vo-
» tre excellence royale reçoive donc mon
» castel et ma compagnie !

— « Ami, répondit le roi de France
» avec un visage serein, je sais pourquoi
» tu es allé auprès de ton seigneur le roi
» des anglais, et quelles paroles tu lui as
» portées : tu t'es loyalement conduit. Je
» te reçois de bon cœur avec ce qui t'ap-
» partient : le soin de la miséricorde doit
» s'ouvrir à de pareilles actions.

» Hertauld remit donc Mirambeau aux
» mains du roi de France qui, après a-
» voir reçu son serment de fidélité, lui
» octroya aussitôt le château en fief, avec
» toute confiance. » (1)

Cette noble conduite du baron Hertauld
fait encore mieux ressortir la versatilité
de ces châtelains qui, en dépit de la hié-
rarchie féodale, se croyaient *de fait*, si-
non *de droit*, de petits souverains à peu
près indépendans de toute autorité suze-
raine, et changeaient de parti sans scru-
pule, lorsque leur intérêt personnel paraissaient leur en faire une obligation.

La réponse du roi de France à Hertauld
est empreinte d'une dignité pleine de bon-
té, et il devait, en effet, avoir toute confiance en un aussi loyal châtelain, du
reste, après des trèves et des nouvelles
hostilités, Louis IX conclut, en 1259,
un traité définitif avec son beau-frère Henri, et, pour réparer *la grande injustice
de Philippe-Auguste*, en 1203, c'est à
dire pour détruire les suites de la confis-
cation des provinces, exercée au détriment du roi Jean, à l'occasion de l'assassinat de son neveu Arthur, duc de Bretagne, il lui confirma la souveraineté de
la Gascogne, en y joignant le Limousin,
le Périgord, le Quercy et l'Agénois, sous
le nom de *duché de Guienne*, et il lui
céda, en outre, *toute la terre que le
duc d'Aquitaine tenait en Saintonge,
à titre de fief*, ou *de domaine, par
delà Charente*, c'est à dire tout le midi
de la Saintonge, depuis la Charente jusqu'à la Gironde.

Ainsi Henri III, vaincu à Taillebourg
et à Saintes, reçut de son suzerain victorieux un accroissement de territoire, et ce
déplorable traité donna aux anglais un sur-
croît de puissance dont les français res-
sentirent que trop les effets aux fatales
journées de Crécy, de Poitiers et d'Azincourt.

Le territoire de Mirambeau rentra donc
sous la domination du roi d'Angleterre,
mais l'histoire ne fait pas connaître si Hertauld fut récompensé comme sa noble fidélité méritait de l'être, si Henri III a-
vait su apprécier un pareil dévouement.

IV

Commencement de la guerre pour la succession
au trône de France. — Philippe de Valois et
Edouard III. — Jean et le prince de Galles. —
Duguesclin et Chandos. — Charles VI et Henri V. — Combat de chevaliers français et anglais
sous les murs du château de Montendre.

Il était aisé de prévoir que, par suite
de la conquête de l'Angleterre, les ducs
de Normandie étaient devenus trop puissans pour rester en paix avec les rois de

---

(1) (Histoire de la Saintonge et de l'Aunis,
par M. Massiou.

France, dont la suzeraineté dérisoire avait dégénéré en rivalité, aussi les guerres furent-elles fréquentes entre ces souverains, mais sans avoir un but avoué. Il n'en fut pas de même lorsque Philippe de Valois, fils du comte Charles de Valois, petit-fils de Philippe-le-Hardi et cousin-germain des trois derniers rois, Louis le Hutin, Philippe le Long et Charles le Bel, (1) fut déclaré héritier légitime du dernier roi par les états du royaume, comme son plus proche parent en ligne masculine, au détriment d'Edouard III, roi d'Angleterre, fils d'Isabelle de France, fille de Philippe le Bel et pour maintenir les dispositions de la loi salique qui excluait rigoureusement les femmes de la couronne. Les deux rois prirent les armes pour soutenir leurs droits respectifs et la funeste bataille de Crécy, livrée le 26 août 1346, parut avoir assuré une grande supériorité au roi d'Angleterre, mais il ne profita de sa victoire inattendue, que pour s'emparer de l'importante forteresse de Calais. Dix ans après Jean, fils de Philippe de Valois, se trouva en présence d'Edouard, prince de Galles, fils d'Edouard III, (2) entre Poitiers et Maupertuis, et ce jeune prince, aussi prudent que brave, triompha à son tour de l'impétuosité française; mais cette fois, le roi de France ayant été fait prisonnier, après une résistance désespérée, sa rançon coûta des sommes énormes et la cession du tiers du royaume. Charles V succéda à l'infortuné Jean, et la sagesse de son administration répara les désastres de la France. Sans sortir de son palais, il sut choisir d'habiles généraux qui furent vainqueurs partout où ils combattirent. Le célèbre connétable Bertrand Duguesclin acquit

surtout une gloire immortelle en reprenant aux anglais toutes les provinces cédées par le fatal traité de Brétigny, en 1360, et Chandos, l'un des plus grands capitaines de l'Angleterre, dut enfin céder à l'ascendant de son heureux rival, et fut tué au combat du pont de Lussac, en 1371. (3) La mort de Duguesclin et de Charles V ne tarda pas à replonger promptement la France dans l'abîme des calamités dont leur génie l'avait fait sortir. Henri V, comparable sous tous les rapports à Edouard III, gagna, en 1415, la bataille d'Azincourt, contre le duc d'Alençon qui y perdit la vie, et, par suite des criminelles manœuvres d'Isabeau de Bavière, reine de France, Henri, roi d'Angleterre, devenu gendre de Charles VI, fut déclaré héritier légitime du trône de France, et obtint, en attendant, le titre de régent du royaume. Jamais notre malheureuse patrie n'avait été plus près de sa ruine. Les anglais brûlaient les villages et les châteaux; des représailles atroces étaient exercées contre eux; les seigneurs châtelains, sans patriotisme, se faisaient avec acharnement une guerre de massacres et de pillage: les terres n'étaient plus cultivées, les paysans se retiraient dans les bois, le commerce était anéanti, la famine exerçait ses horribles ravages et elle fut bientôt suivie du fléau de la peste. Les oncles du roi qui avait perdu la raison, se disputaient le pouvoir, écrasaient le peuple d'impôts, se vengeaient par de lâches assassinats, et la plus épouvantable anarchie désola le royaume jusqu'au temps où les illustres capitaines de Charles VII arrêtèrent les victoires des anglais qui ne se relevèrent pas du coup terrible que leur porta Jeanne d'Arc, l'hé-

---

(1) La naïveté du moyen-âge permettait de donner ces noms qui sont devenus historiques.

(2) Il est connu dans l'histoire sous le nom de *Prince noir*, de la couleur de son armure. Il avait le génie de la guerre, et n'a jamais été vaincu.

(3) Chandos fut blessé mortellement à ce combat où Duguesclin n'assistait pas. Il fut porté au château de Chauvigny, (arrondissement de Montmorillon) et y mourut peu de jours après. Il avait eu la gloire de faire deux fois Duguesclin prisonnier.

roine dont la gloire immortelle traverse-
ra les siècles, appuyée sur la reconnais-
sance de la nation française.

Pendant que de si affreuses calamités
étaient déchaînées sur notre malheureuse
patrie, des châtelains faisaient la guerre
ou observaient des trèves, selon leur bon
plaisir. Jehan de Harpedanne, sénéchal
de Bordeaux pour le roi d'Angleterre, en
1386, avait passé au service de Charles
VI qui l'avait nommé son sénéchal en Saintonge. Il commandait, en 1402, un corps
de troupes d'observation sur la frontière
méridionale de son gouvernement. Les chevaliers servant dans ses rangs provoquaient
souvent à *armes courtoises* les nobles anglais des marches de Gascogne et ces ren-
contres étaient de beaux faits de chevalerie.
Les anglo-gascons voulurent, à leur tour,
défier leurs voisins d'outre-Garonne. Ils dé-
pêchèrent donc un héraut vers le sénéchal
de Saintonge, pour l'informer du désir
qu'ils avaient *de faire armes pour l'a-*
mour de leurs dames, et que, s'il y avait
aucuns français qui voulussent pas-
ser devers eux, ils les recevraient à
cette intention. Les signataires de ce cartel étaient le seigneur de Scales, messire
Aymon Cloyet, Jehan Héron, Richard Wi-
levale, Jehan Fleury, Thomas Troys et
Robert de Scales, *tous puissans de corps*
et très usités en armes.

Le sénéchal voulut donner un grand
éclat à cette lutte chevaleresque et trans-
mit à la cour de France le défi des anglo-
gascons ; plusieurs gentils-hommes de la
maison du duc d'Orléans, frère du roi. (1)

demandèrent la faveur d'aller relever le gant
des anglais. Le prince choisit parmi eux
messire Arnault Guillon, seigneur de Barbazan, Guillaume du Chastel, Archambault
de Villars, Pierre de Brabant, Guillaume
Bataille sénéchal d'Angoulême, Jehan de
Carovri et Jehan de la Champagne, tous
renommés par leur vaillance et leurs
prouesses dans les combats.

Ils partirent *bien ordonnés et garnis*
de harnais et vinrent trouver Harpedanne en Saintonge. Dix chevaliers de la compagnie du sénéchal s'empressèrent de se
joindre à eux. Les anglais leur opposè-
rent le même nombre de champions. Les
français choisirent pour chef le seigneur
de Barbazan, et les anglais le seigneur de
Scales. Il fut convenu que le combat aurait lieu le 19 mai 1402, sous les murs
du château de Montendre. (1)

---

(1) « Placée sur les confins de la Gironde et
» de la Saintonge, au milieu des landes, cette
» commune paraît avoir été autrefois un poste
» fort important, même sous les romains. Son
» premier fondateur fut, dit-on, un nommé
» *Andronis*, chef d'une légion romaine, qui oc-
» cupait la montagne sur laquelle est bâti le châ-
» teau, et qui commandait dans le pays sous un
» des lieutenans de Jules César. On estime que
» cette montagne, d'où l'on découvre le Médoc,
» la Gironde, et de toute part une vaste éten-
» due de pays, est élevée de 260 mètres au-
» dessus du niveau de la mer.
» L'établissement militaire qui fut formé sur
» ce point, subit plusieur changemens dans ses
» bâtimens, comme dans ses ouvrages extérieurs.
» Vers l'an 1100, le château fut rebâti et entou-
» ré de murs de six pieds d'épaisseur, avec des
» parapets, des tours, des coulines et des vigies
» pour surveiller la plaine. De larges fossés cou-
» vraient cette citadelle de l'est au nord.
» La ville portait, du temps des Romains,
» le nom de *Mons Andronis*, que lui avait
» donné son fondateur, mais, dans des temps
» plus moderne, il fut changé en celui de *Mon-*
» *tendre*, par allusion, sans doute, à sa posi-
» tion sur un tertre de sable. Elle fut assiégée
» plusieurs fois et prise sur les anglais en 1453,
» par Jean de Brosse, qui fit raser le château à
» l'exception des tours dont quatre subsistent
» encore ; mais l'ayant abandonnée pour aller

(1) Louis, duc d'Orléans, était fort instruit et
excellait dans tous les exercices du corps, mais
il céda à l'entraînement de la licence du temps
et ses mœurs corrompues furent cause de sa perte. Raoul d'Octonville, gentilhomme normand,
était à la tête des assassins du prince, tous atta-
chés à la maison de Jean-sans-Peur, duc de
Bourgogne, qui fut lui-même massacré sur le
pont de Montereau, en présence du dauphin, le
10 septembre 1419. Le duc d'Orléans avait péri
le 23 novembre 1407.

Au jour fixé, les dix-sept chevaliers français ayant assisté à la messe, de grand matin et *reçu très dévotement le pieux corps de notre-seigneur Jésu-Christ*, s'engagèrent par serment à *bien garder leur honneur*. (1) Quant aux anglo-gascons, *ils mangeaient et buvaient très bien en s'apprêtant au combat* (2) Les jouteurs entrèrent en champ clos, *bien ordonnés, entalentés de combattre et montrant un fier courage*. (3) Les anglais croyaient que l'épaisseur de leurs *targes* et de leurs *pavois* (4) était en état de résister aux plus vigoureux coups de lances, et leur assurait ainsi une grande supériorité sur leurs adversaires.

Les deux partis se trouvant en présence, un héraut, après avoir pris les ordres du sénéchal de Saintonge, *ordonné juge du consentement des combattans*, s'écria : *Que chacun fasse son devoir !* Les chevaliers prirent du champ et fondirent, la lance en arrêt, sur leurs adversaires respectifs. A cette première charge aucun d'eux ne fut désarçonné, mais ils jetèrent leurs lances, saisirent leurs redoutables haches d'armes et la mêlée devint terrible.

Guillaume du Chastel était un champion vigoureux et de haute stature. Les anglo-gascons résolurent, pour s'en débarrasser plus promptement, de se mettre deux contre lui. De cette manière Archambault de Villars se trouva sans adversaire et il se hâta d'attaquer Robert de Scales qui était opposé à Jehan de Carovri et lui porta un si violent coup de hache sur la tête que son heaume vola en éclats et qu'il tomba lui-même sur la poussière où il expira à l'instant, ainsi le moyen employé par les anglais tourna fatalement contre eux, et ils auraient dû naturellement prévoir que les chevaliers restés libres voleraient au secours de leurs compagnons, ce qui rendrait encore la partie égale. Jehan de la Champagne ne pouvant blesser son adversaire, l'enleva de la selle et l'abattant sous lui le força de crier *merci*.

Guillaume du Chastel se défendait vaillamment contre ses deux assaillans, lorsque Archambault de Villars, toujours disposé à rétablir la balance entre les combattans, vint se ranger près de lui et se montra digne de le seconder. On se battait des deux côtés avec un extrême acharnement et on remarquait de brillans faits d'armes, mais enfin la victoire, longtemps indécise, demeura aux chevaliers français : ils eurent l'honneur de la journée, au jugement des seigneurs Harpedanne et de Duras, juges du camp.

Dans ces combats en champ clos, de même que dans les batailles ordinaires, les vaincus restaient au pouvoir des vainqueurs et leur payaient une rançon pour recouvrer leur liberté ; ce fut donc d'après les usages du temps que chaque chevalier anglo-gascon se racheta en donnant à l'adversaire qu'avait favorisé la fortune, un anneau d'or enrichi d'un diamant. (1)

» combattre, dans le Périgord, le fameux comte
» de Talbot, les anglais s'en emparèrent de nou-
» veau, massacrèrent les habitans et mirent le
» feu à la ville qu'ils évacuèrent bientôt à l'ap-
» proche de l'armée victorieuse de Charles VII.
» Population 1,039 habitans. »
(Statistique du département de la Charente-Inférieure, par M. Gautier).

(1) Johan Jouvenel des Ursins, *Histoire de Charles VI*, an 1404.

(2) *Idem*.

(3) *Idem*.

(4) *Targes* et *pavois* signifiaient *boucliers*, mais, dans cette acception, l'un doit être pris pour *bouclier* et l'autre pour *armure*, deux armes défensives et très-utiles aux combattans du moyen-âge.

---

(1) « Et après feut crié par le héraut, par le
» commandement dudit sénéchal de Xaintonge,
» juge ordonné du consentement des parties, que
» chascun feit son devoir, et s'approchèrent les
» uns des autres et getèrent leurs leurs lances
» sans porter aucuns effects, et vindrent aux ha-
» ches. Et pour ce qu'il semblait aux anglois que

Tel fut le combat de Montendre. Il a été glorieux pour les chevaliers français et mériterait d'avoir plus de retentissement, car il n'est mentionné dans aucune histoire de France. Il règne même de la confusion dans le récit de Jouvenel des Ursins. Il n'y aurait eu qu'un chevalier anglais tué, et tous les autres auraient été successivement faits prisonniers, ce qui n'est pas du tout probable, et les français durent aussi avoir quelques-uns des leurs de tués ou blessés, quoiqu'il n'en soit pas fait mention. On ne connaît même que les noms des sept chevaliers anglais qui signèrent le cartel, et ceux du même nombre de français envoyés par le duc d'Orléans pour y répondre. Le combat en champ clos de trente bretons contre trente anglais, le 27 mars 1351, au Chêne de la *Mi-Voie* entre Josselin (1) et Ploermel, (2) a été, au contraire fréquemment célébré par les historiens qui en ont rapporté les moindres détails. (1) La joute de Montendre n'a pas eu le même honneur, et la gloire en rejaillit cependant sur la France en général, sur la Saintonge en particulier et plus spécialement sur l'arrondissement de Jonzac qui en a été le théâtre.

« s'ils pouvoyaient abattre messire Guillaume du
» Chastel, qui estoit grand et fort, du demourant
» plus aisément en deviendroyent à leur inten-
» tion, ils délibérèrent d'aller deux contre luy,
» et tellement que Archambault de Villers
» se trouva seul sans ce qu'aucun lui demadast
» rien, et vint à celui qui avoit affaire à Carovis
» qui estoit le premier qu'il trouva, et lui bailla
» tel coup de hache sur la teste, qu'il cheut à
» à terre, et estoit ledit Robert de Scales qui y
» mourut. Et quant est de Champaigne, il se
» joignait à son homme et l'abattit à la lulète
» par dessoubs lui et se rendit. Archambault alla
» ayder à messire Guillaume du Chastel qui a-
» voit bien à faire, lequel les anglois n'appro-
» chèrent pas si tôt, et feut l'un contrainct lais-
» ser ledit du Chastel et se prendre à Archam-
» bault. Et y eut des belles armes faictes d'un
» costé et d'autre, et se rendirent les anglois. »

(Johan Jouvenel des Ursins. *Histoire de Charles VI.* An 1402).

(1) Jean de Beaumanoir, maréchal de Bretagne, était capitaine du château de Josselin pour la comtesse de Penthièvre, femme de Charles de Blois, alors détenu prisonnier en Angleterre par Édouard III.

(2) Richard Bembro, capitaine anglais, exerçait le même pouvoir au château de Ploermel, et malgré la conclusion d'une trève entre les deux parties belligérantes, il ravageait le pays, enlevait les habitans des maitairies et leur infligeait des tortures jusqu'à ce qu'ils se fussent rachetés par des rançons. — Indigné de pareils excès Beaumanoir alla à Ploermel faire de violens reproches à Bembro et finit par le défier à outrance. Les bretons furent victorieux et Bembro fut tué dans la joute.

(1) On a conservé exactement les noms des chevaliers et écuyers qui combattirent contre les anglais. Ils étaient au nombre de trente-un de chaque côté ou y comprenant les deux chefs. — Voici comment ils sont établis dans le manuscrit original de la bibliothèque impériale :

Jean de Beaumanoir, chevalier, maréchal de Bretagne pour Charles de Blois et capitaine de Josselin.

Autres chevaliers

Jean de Tinténiac.	Huon de Saint-Yvon.
Guy de Rochefort.	Caro de Bodégat.
Evan Chaouel.	Geffroy du Bois.
Guillaume de la Marche.	Olivier Arel.
Robin Raguenel.	Jean Rousselat.

Ecuyers

Guillaume de Montauban	Maurice de Tréalguidy.
Alain de Tinténiac.	Guyon de Pontblanc.
Tristan de Pétivien.	Maurice du Parc.
Alain de Keranrais.	Geffroy de Beaucors.
Olivier de Keranrais.	Le sire de Lantoup.
Louis Gouyon.	Geffroy Mellon.
Olivier de Fontenay.	Jehannot de Sérent.
Hugues Catton.	Guillaume de la Lande.
Geffroy de La Roche.	Olivier de Montaville.
Geffroy Poulart.	Simon Richard.

V.

Guerre d'Italie. — Établissement de la gabelle en Saintonge. — Insurrection des *Pitaux*. — Horribles excès qu'ils commettent, et sévérité excessive du connétable de Montmorency. — Formation de l'arrondissement de Jonzac. — Les turbulens seigneur du château changés en pacifiques et sages administrateurs.

Après avoir été nommé *le roi de Bourges* par les anglais, Charles VII finit par être surnommé *le Victorieux* et reconquit presque tout son royaume. Louis XI, par des artifices souvent déloyaux, sa persévérance, ses talens et son courage, réunit définitivement à la France les belles provinces de Normandie, de Bourgogne, de Guienne, d'Anjou et de Provence. Charles VIII a été le premier souverain de France, depuis Charlemagne qui pénétra en Italie à la tête d'une armée formidable pour soutenir ses droits, sur le royaume de Naples, que lui avait légués Charles IV, roi de Sicile et de Jérusalem, (1) de la maison d'Anjou, qui avait institué son héritier légitime et universel Louis XI, son cousin, au préjudice de Ferdinand d'Arragon (2). Il partit pour l'Italie au mois de mars 1493, et, en cinq mois, il avait parcouru en vainqueur toute la péninsule, mais le pape Alexandre VI, l'empereur Maximilien Ier, les vénitiens, le roi d'Arragon Ferdinand V et Ludovic Sforze, duc de Milan, s'empressèrent de se liguer contre les français, et Charles VIII, forcé de rentrer dans sa patrie, vainquit l'armée des confédérés à la bataille de Fornoue, (3) avec neuf mille hommes contre trente mille. Gonsalve de Cordoue, célèbre général espagnol, surnom-

mé *le grand capitaine*, puissamment secondé des inconstans napolitains, reprit le royaume de Naples avec autant de promptitude qu'il venait d'être conquis.

Louis XII voulut faire valoir ses droits sur le Milanais; il les tenait de Valentine, sa grand'mère, fille de Galéas, de la famille de Visconti, héritière elle-même de ses deux frères, morts sans enfans, et derniers ducs de Milan. Il avait sur le royaume de Naples les mêmes prétentions que ses prédécesseurs. Il fut d'abord vainqueur des vénitiens, mais ses troupes finirent par être entièrement détruites par Gosalve de Cordoue.

François Ier ne parut pas d'abord faire seulement la guerre pour revendiquer la possession du royaume de Naples si fatal aux français, mais pour soutenir sa rivalité contre le puissant empereur Charles-Quint, qui le précipita dans des entreprises souvent très-hasardeuses. Ses victoires étaient brillantes et fréquemment stériles, et la perte de la bataille de Pavie (1) aurait eu des suites aussi désastreuses que celle de Poitiers, si François Ier avait rempli les conditions du traité de Madrid.

Henri II, en continuant la guerre contre l'empereur, ne perdit cependant de vue ce royaume de Naples où depuis soixante cinq ans (2) s'engouffraient les trésors de la France et où avaient coulé des torrens de sang de ses soldats. L'expédition du duc François de Guise fut arrêtée par le duc d'Albe dans la Romagne, et la perte de la bataille de Saint-Quentin par le connétable de Montmorency, en 1557, obligea le roi de France à rappeler le seul général qui fût en état de réparer ses désastres (3).

---

(1) Il est à peine utile de remarquer que cette dernière qualification n'était plus qu'un vain titre, comme les rois de Sardaigne le portent de notre temps.

(2) Il était fils d'Alphonse [...] portait le nom de Ferdinand [...]

(3) Le 6 juillet 14[...]

---

(1) Le 24 février 1525.

(2) De 1493 à 1558.

(3) Il fut un des plus grands hommes de guerre du seizième siècle, mais son ambition égalait ses talens militaires. On sait qu'il fut assassiné,

Le roi de France était à Turin et se disposait, dès 1548, à entrer dans le Milanais, lorsqu'il reçut les nouvelles des plus graves désordres commis en Saintonge, en Angoumois, en Périgord et dans toute la Guienne par des bandes très nombreuses de paysans qui, pour se soustraire, disaient-ils, à l'impôt vexatoire établi sur les sels sous le nom de *gabelle*, pas François Ier, en 1542, avaient levé l'étendard de la révolte aux environs de Jonzac, sous le prétexte de *donner* la chasse aux *gabelleurs*. Six mille campagnards armés de bâtons ferrés, de fourches, de faulx, de haches, d'arbalètes et de tout ce que le hasard offrait à leur fureur, marchèrent sur Châteauneuf (1) où ils massacrèrent huit officiers de la gabelle et ouvrirent les prisons aux contrebandiers et aux malfaiteurs. Ce torrent dévastateur se grossit rapidement dans son cours, de tous les habitans des campagnes aux environs d'Archiac, de Mirambeau, de Montlieu, de Montguyon, de Saint-Genis, de Montendre, de Cognac, de Jarnac, de Barbezieux, et pour mieux dire de la population rurale de la Saintonge méridionale ; quelques centaines d'artisans s'y réunirent, et ils se livrèrent à ces horribles excès qu'un peuple exaspéré ne manque jamais de commettre. Partout les officiers et les employés des gabelles étaient massacrés avec des raffinemens de cruauté, et bientôt le pillage et l'incendie des châteaux, l'assassinat des seigneurs et mêmes des simples propriétaires et bourgeois signalèrent le passage de ces bandes de forcenés, absolument comme au temps de la Jacquerie, en 1358, pendant la captivité du roi Jean en Angleterre. Saintes, Marennes, Pons,

Blaye, Cognac, Barbezieux et tous les bourgs intermédiaires tombèrent successivement en leur pouvoir et eurent à souffrir leurs ravages. Des chefs guidaient ou plutôt suivaient la lave brûlante du volcan, sans pouvoir ni la diriger, ni l'arrêter. Puymoreau, châtelain des environs, Cramaillon, Broisinenin, bourgeois entièrement ruinés, paraissaient au milieu de ces brigands qu'on appelait *les pitaux*, nom qui vient probablement de *piteux*, synonime de *misérables*, comme on avait commencé par appeler *gueux* les flamands révoltés contre Philippe II. Puymoreau avait pris le titre de *couronnal* de Saintonge, (1) et, renforcé de bandes nombreuses des provinces voisines, il marcha directement sur Bordeaux où le peuple lui ouvrit les portes. Le gouverneur Tristan de Monois ayant voulu parlementer avec cette multitude, dont le nombre s'élevait alors à plus de cinquante mille hommes, fut massacré, ainsi que plusieurs notables, « et pendant plusieurs jours cette » grande cité fut livrée au plus affreux » carnage. (2)

Henri II chargea le connétable Anne de Montmorency d'aller réprimer d'aussi épouvantables désordres. Il lui donna deux divisions de l'armée de Piémont, et le caractère inflexible de ce mandataire du roi fit prévoir quelle serait sa sévérité. Quand il entra en Guienne, les *pitaux*, tremblant de frayeur et n'ayant pas même le courage que l'excès du crime inspire quelquefois, s'étaient tous retirés chez eux ou cachés dans les bois. (3). Les chefs,

---

d'un coup de pistolet, par Poltrot de Méré, au siège d'Orléans, en 1558.

(1) Châteauneuf-sur-Charente, chef-lieu de canton du département de la Charente, arrondissement et à 26 kilom. de Cognac. Population 2396 hab.

(1) En patois saintongeois on dit encore *couronnal* pour *colonel*. La désinence en *al* était une réminiscence de la langue romane, d'où dérive le patois gascon.

(2) Histoire politique, civile et religieuse de la Saintonge et de l'Aunis, par M. Massiou, t. 1er de la 3e période.

(3) Cette tourbe aussi furieuse qu'indisciplinée ne paraît pas avoir eu de canons, de fusils, ni de pistolets. Ce fut sans doute la supériorité des ar-

frappés de stupeur, ou de vertige, n'avaient pas cherché à se réfugier en Espagne, ou en Angleterre. Ils furent tous arrêtés sans peine et mis à mort avec une barbarie qui surpassa celle qu'ils avaient précédemment déployé. Puymoreau seul fut décapité, *attendu sa qualité de gentilhomme*. « Une foule de bourgeois et » de campagnards furent condamnés en » masse, sans information juridique, et » égorgés avec un raffinement de cruauté » dont la description fait frémir. » (1). Montmorency deshonora ainsi la haute dignité dont il était revêtu, par l'exercice d'un pouvoir discrétionnaire dont l'excessive sévérité dégénéra en proscription aussi odieuse que tyrannique. (2).

Telle fut l'insurrection des pitaux, en 1548. On voit quelles calamités fondirent à cette époque sur la partie méridionnale de notre malheureuse province. L'établissement de l'impôt sur le sel n'était pas injuste au fond, mais il devint intolérable par les abus de la perception et la cupidité effrénée des employés des gabelles, (3) et le remède violent employé par la population des campagnes aggrava l'intensité du mal au lieu de l'adoucir.

Les guerres de religion couvrirent en-

mes à feu des soldats de Montmorency qui empêcha les pitaux de combattre contre eux.

(1) Histoire politique, civile et religieuse de la Saintonge et de l'Aunis, par M. Massiou, t. 1er de la 3e période.

(2) Voltaire exprime ainsi son opinion sur le connétable, dans une note du chant second de la Henriade : « Anne de Montmorency, homme » opiniâtre et inflexible, le plus malheureux gé- » néral de son temps, fait prisonnier à Pavie et » à Dreux, battu à Saint-Quentin, fut enfin bles- » sé à mort à la bataille de Saint-Denis, par un » anglais nommé Stuart, le même qui l'avait pris » à la bataille de Dreux. »

(3) « Plus tard les habitans du Périgord, du » Limousin, de la Saintonge, de l'Angoumois » et de la Guienne se rachetèrent de l'impôt du » sel, moyennant douze cent mille livres. »

(Hist. de France, par St-Prosper aîné, t. 2).

suite de sang, de deuil et de ruines la province de Saintonge où guerroyaient avec fureur les catholiques et les protestans, et l'arrondissement de Jonzac fut plus exposé qu'aucun autre à de continuelles invasions, sa proximité de la Guienne le laissant exposé au ravage des troupes naturellement réunies aux environs de Bordeaux. Il faudrait consacrer plusieurs pages au récit douloureux de l'incendie des châteaux et des ville, d'abord enportés d'assaut, du ravage affreux des campagnes et de combats acharnés n'ayant d'autres résultats que des désastres et des massacres, mais l'histoire ne fait pas particulièrement connaître de quels événemens politiques et militaires la ville de Jonzac et son territoire onté été le théâtre dans ces sanglants conflits où le sang français a coulé si fatalement pendant plus de soixante années. (4)

A l'époque de la création des départemens, le 15 janvier 1790, l'arrondissement de Jonzac, fit partie du département de la Charente-Inférieure, et fut classé le quatrième eu égard à la population de son chef-lieu. Les six arrondissemens le furent de la manière suivante : La Rochelle, Rochefort, Saintes, Saint-Jean-d'Angély, Jonzac et Marennes.

Que de fois les bouillans seigneurs du château de Jonzac (2) se sont élancés hors

(1) De 1562 à 1638.

(2) « Jonzac conserve les restes d'un ancien » château dont l'architecture appartient au go- » thique du 12e ou du 13e siècle. Bâti sur un » mamelon situé à l'extrémité orientale et dans » l'enceinte de la ville, sur les bords de la Sou- » gne, il présente un ensemble noble et impo- » sant. Ce château, qui est entouré de trois cô- » tés par un fossé creusé dans le roc, large de » 7 mètres et profond de 16 mètres, élevé du » quatrième côté, de 22 mètres au-dessus de la » rivière, et fermé par un pont-levis, était une » petite forteresse sous laquelle régnaient de vas- » tes souterrains, d'où partaient des galeries é- » galement souterraines qui se prolongeaient jus- » qu'aux portes de la ville. »

de ses remparts, à la tête de leurs vaillans hommes d'armes pour faire des *chevauchées*, combattre leur voisin ou les anglo-gascons, ou les seigneurs d'un autre culte que le leur, en poussant leurs cris de guerre, et de quels spectacles guerriers ces murs n'ont-ils pas été les témoins! Le calme et la tranquillité y ont maintenant établi leur séjour. Les bureaux de la sous-préfecture et de la mairie de Jonzac y ont remplacé les salles d'armes, et les employés de pacifiques administrateurs écrivent des circulaires et arrêtent des budgets aux mêmes lieux où les écuyers de leurs bruyans devanciers préparaient leurs lances, leurs casques, leurs armures et ne songeaient qu'à voler sans cesse à de nouveaux combats.

» Les comtes de Jonzac, de l'ancienne et illustre maison de Sainte-Maure marquis d'Aubeterre et autres lieux, ont successivement habité ce château. »

(Statistique du département de la Charente-Inférieure, en 1839, par A. Gautier).

Voici ce que Malchin a dit de Jonzac, dans son histoire de Saintonge, il y a près de deux cents ans : « Jonzac est un beau château qui » appartient à monsieur de Jonzac, lieutenant » du roi en Saintonge et Angoumois, de l'illus- » tre et ancienne maison de Sainte-Maure. — » Cette terre est tenue à titre de comté et située » dans un des plus fertiles et meilleurs endroits » de Saintonge. »

FIN.